Ruth Heil

ERlebt

Zeugnisse vom Eingreifen und der Durchhilfe Gottes heute

johannis

Bibliografische Information der Deutschen Nationalbibliothek
Die Deutsche Nationalbibliothek verzeichnet diese Publikation in der Deutschen Nationalbibliografie; detaillierte bibliografische Daten sind im Internet über http://dnb.d-nb.de abrufbar.

ISBN 978-3-501-01465-3
TELOS-Taschenbuch 77 853
3. Auflage 2007

Umschlaggestaltung: Friedbert Baumann
Umschlagbild: R. Rauth
Gesamtherstellung: St.-Johannis-Druckerei, Lahr/Schwarzwald
Printed in Germany 16522/2007

www.johannis-verlag.de

Vorwort

Gott ist erfahrbar! Das soll durch dieses Buch deutlich werden. Die Aufzeichnungen aus meinem Tagebuch und die Berichte von Menschen, die ich persönlich kenne, erzählen von wunderbaren Bewahrungen und Führungen. Aber auch einfache Alltagserlebnisse lassen uns ahnen, dass vieles nicht einfach Zufall ist. Es geht mir nicht darum, Sensationen zu veröffentlichen. Ich möchte Sie auch nicht nur mit vergnüglichem Lesestoff unterhalten. Mir ist es wichtig, Sie mit dem Gott bekannt zu machen, der schon lange darauf wartet, Ihnen zu begegnen.

Bei manchen Geschichten werden Sie vielleicht zweifelnd fragen, ob sie sich wirklich so zugetragen haben. Das ist in Ordnung. Ich möchte Sie jedoch einladen, nicht bei den Zweifeln stehen zu bleiben, sondern selbst auszuprobieren, was es mit diesem Gott auf sich hat, der uns in Jesus Christus ganz nahe kommen will.

Ich wünsche Ihnen von Herzen die Erfahrung, dass er lebt.

Ihre Ruth Heil

Dank

Mein Dank geht an meinen lieben Mann, der mich zum Schreiben motiviert hat. Er hat viel Zeit mit dem Manuskript verbracht, damit Unklarheiten daraus verschwinden. Mit Gelassenheit hat er hingenommen, dass manches im Haushalt vernachlässigt wurde. Ebenso danke ich unseren fünf noch im Hause lebenden Kindern, Esther, Jason, Rahel, Salome und Junias, die mich oft am Computer sitzen sahen. Manchmal war ich für sie nur schwer ansprechbar. Auch an die liebe Elli geht mein Dank. Sie wirkte viele Stunden in Küche und Garten, damit ich an dem Buch arbeiten konnte.

Mein größter Dank geht an Gott. Als mein Mann und ich ein Kind nach dem anderen bekamen, sagten manche Menschen zu mir: »Du wirst einmal sehen, wo du damit landest. Mit 40 Jahren gehst du am Stock und hast keinen Zahn mehr im Mund.« Nun bin ich schon 55 Jahre alt und habe noch alle Zähne im Mund (außer einem, und den verlor ich bereits mit 18 Jahren), und am Stock gehe ich auch nicht. Ich danke Gott für alle Segnungen meines Lebens.

Inhalt

Der beste Müllabladeplatz für Schuld

In Bautzen, in der schönen Oberlausitz, ganz im Osten unseres Landes, war ich zu einem Frauenfrühstück eingeladen. Die Frauen, die es gewagt hatten, solch ein Frühstück zum allerersten Mal anzubieten, waren sich nicht sicher, wie viele Gäste kommen würden. Trotz viel Werbung und viel Gebet gingen die Anmeldungen nur spärlich ein. Eine Woche vor dem Frühstück hatten sich erst 60 Frauen angemeldet, zwei Tage davor waren es 180. Die Verantwortlichen hatten für 250 Frauen gebetet. Liebevoll bereiteten sie am Abend vorher den Saal vor.

Am folgenden Morgen ging Elli, die nicht nur meine Freundin und Mitstreiterin, sondern auch meine Fahrerin ist, schon eine Stunde vor Beginn des Frühstücks mit den Verantwortlichen zum Veranstaltungsort, einem geräumigen Hotel. Ich durfte noch ein wenig liegen bleiben und sollte mit den Kindern nachkommen. Die Kinder schliefen ungewöhnlich lange, und als wir schließlich aufwachten, sollte das Frühstück bereits in 15 Minuten anfangen! In großer Eile zogen wir uns an und trafen zur allgemeinen Erleichterung gerade noch rechtzeitig im Hotel ein.

Sofort stürzte ein Zeitungsreporter auf mich zu. »Ich habe nur wenig Zeit«, sagte er hastig. »Aber ich muss einen Bericht für die Zeitung schreiben. Sagen Sie mir schnell in drei Sätzen, über was Sie referieren werden.«

Etwas in drei Sätzen sagen, worüber man doch eine ganze Stunde reden kann und will – das war völlig unmöglich! Was sollte ich diesem Mann erzählen? »Herr Jesus, hilf mir«, betete ich in meinem Herzen. Und da fiel mir eine Anwort ein: »Ich sage es Ihnen sogar in einem Satz. Die zentrale Aussage meines Vortrags wird sein, dass das Kreuz Jesu der beste Müllabladeplatz für die Schuld, die Sorgen, die Verzweiflung und die Not der Welt ist.«

»Welches Kreuz und was für ein Jesus?«, wollte der Reporter wissen und schaute mich irritiert an. Er blieb schließlich den ganzen Vortrag über da und schrieb später einen bewegenden Bericht. Aber das war nur der Anfang. Er verfasste nicht nur den Artikel für seine Zeitung, sondern beschäftigte sich auch innerlich mit dem, was ich über das Kreuz und Jesus Christus gesagt hatte. Er fand Menschen, die ihn weiterführten. Heute gehören er und seine Frau zu Jesus, dessen Eigentum ich auch bin.

Als ich damals nach unserem Vorgespräch zum Frühstücksbüfett kam, fand ich dort nur noch einige Petersiliensträußchen. Alles war restlos abgeräumt. An diesem Morgen waren 420 Frauen gekommen. Gott hatte das Gebet wunderbar erhört und noch mehr als das Erbetene geschenkt!

Bittet, so wird euch gegeben.
Matthäus 7,7

»Meine Stunde ist noch nicht gekommen«

Das Treffen der christlichen Lebensrechtgruppen in Kassel lag hinter mir. Bewegt dachte ich über den Tag nach. Ich hatte Menschen erlebt, die sich von ganzem Herzen für das Leben Ungeborener einsetzten. Ich war nicht allein mit dem Schmerz über das Unrecht, das in unserem Land geschieht. Auf dem Heimweg hatte mich mein Freund Horst von Kassel bis Frankfurt im Auto mitgenommen und mich dort am Bahnhof abgesetzt.

Nun erkundigte ich mich nach Verbindungen und erfuhr, dass mein Zug gerade abgefahren war. Das bedeutete eine Stunde Wartezeit. Ich überlegte, was ich mit dieser Zeit anfangen sollte. Als ich mich Richtung Telefon wandte, um meinen Sohn anzurufen, der in Frankfurt lebt, fiel mir eine junge Frau auf. Sie war eigentlich noch ein Mädchen und bewegte sich gegen den Strom der Menschen. Immer wieder schien sie jemanden anzusprechen. Was wollte sie? Versuchte sie, sich an einen Mann ranzuwerfen, oder bettelte sie um Geld?

Ich mischte mich in die Menschenmenge und ging direkt auf sie zu. »Hast du Hunger?«, fragte ich. Sie bejahte. Ich holte die zwei Butterbrezeln hervor, die ich als Reiseproviant von lieben Freunden bekommen hatte, und wir traten ein paar Schritte aus dem Menschenstrom heraus. Das Mädchen hatte die Brezeln in kurzer Zeit verzehrt. »Hast du immer noch Hunger?«, erkundigte ich mich. »Vielleicht etwas für morgen früh?«, meinte sie. »Das wäre super.« Ich kaufte ihr die Pizzazunge, die sie sich am Bäckerstand aussuchte, und gab ihr zusätzlich etwas Geld.

Wir suchten uns einen Platz zum Teetrinken. Der Tee war wunderbar heiß und sie hörte auf zu zittern. »Erzähl mir von dir«, bat ich sie. Es war eine traurige Geschichte, die ich da zu hören bekam. Dann legte ich den Arm um sie, und sie ließ es zu. »Ach, hätte ich auch eine Mutter, die mich liebt«, sagte Karin traurig. »Darf ich mit dir beten?«, fragte ich. »Ich weiß nicht, wie das geht, aber machen Sie ruhig«, forderte sie mich auf. Ich hielt sie an den Händen und betete. Sie weinte. Am liebsten hätte ich Karin mit nach Hause genommen! Nun musste ich zu meinem Zug und sie blieb zurück. Ich ließ ihr mein kleines Kissen da. Das sollte sie daran erinnern, dass Jesus sie lieb hat und dass ich an sie denke. Wir wollten uns wieder einmal treffen.

Nach zwei Tagen kam eine Karte von ihr. Leider hatte sie nur mit Karin unterschrieben, ohne Nachnamen, ohne Adresse. Zwei Wochen später war ich wieder in Frankfurt. In der Zwischenzeit hatte ich eine Familie ausfindig gemacht, die bereit war, Karin aufzunehmen, und eine Freundin wollte sie noch am selben Abend dort hinbringen. Karin würde so ihren Hauptschulabschluss nachholen und anschließend eine Ausbildung als Fotografin machen können. Dass dies ihr sehnlichster Wunsch sei, hatte sie mir erzählt. Ja, so einfach hätte alles Wirklichkeit werden können ...

Karin hatte mir gesagt, dass sie abends immer dort in der Nähe sei, wo ich ihr das erste Mal begegnet war. Zwei Stunden lang suchte ich sie in der eisigen Kälte. Aber ich konnte sie nicht finden. Ich war sehr bekümmert. Nun war ein Weg für dieses Mädchen offen und ich konnte ihn ihr nicht zeigen. Es tat so weh. Warum schenkte Gott es nicht, dass ich sie fand? Oder warum kam Karin nicht?

Deprimiert saß ich schließlich im Zug. Während er aus dem Bahnhof rollte, schlug ich die Bibel auf. »Bitte, Herr, gib mir ein Wort«, betete ich. »Ich bin so furchtbar traurig.« Mein Blick fiel auf den Bibelvers, den ich zufällig aufgeschlagen hatte. Da war ich ja sogar persönlich angesprochen! Konnte das wirklich sein? »Frau«, stand da, »meine Stunde ist noch nicht gekommen!«

Das war doch kaum zu fassen. Wo kam denn dieser Vers her? Hatte ich den überhaupt schon einmal gelesen? Als ich genauer hinsah, wurde mir der Zusammenhang klar. Natürlich, das sagt Jesus zu seiner Mutter, die es eigentlich gut gemeint hat. Sie hat bei der Hochzeit in Kana entdeckt, dass der Wein auszugehen droht und es dringend an der Zeit ist, Abhilfe zu schaffen. Obwohl es so aussieht, als sei sofortiges Handeln nötig, weist Jesus Maria in die Schranken. Er weiß schon, wann der richtige Zeitpunkt gekommen ist. Er weiß es besser, auch wenn Maria nicht Unrecht hat.

Dieses Wort berührte mich in meiner ganz persönlichen Situation zutiefst. Ja, die Zeit lief. Das Mädchen war in Gefahr abzusacken. Ich hatte Sorge, dass Jesus zu spät kommen würde, wenn er jetzt nicht handelte, das spürte ich. Aber Jesus wies mich liebevoll zurecht: »Deine Fürsorge ist begründet. Es ist auch gut, dass dir deine Nächsten nicht egal sind. Aber strample dich nicht so ab – Karin ist mir noch wichtiger als dir. Ich werde nicht zu spät kommen.« Jetzt wusste ich, dass Jesus für Karin sorgen würde. Wenn er mich dabei einbeziehen wollte, war das allein seine Sache. Ich durfte Karin in dem Vertrauen loslassen, dass er nicht zu spät kommen würde.

Karin wird in meinen Gedanken und Gebeten bleiben. Ich bin gewiss, dass mein Vater im Himmel es mir nicht krumm nehmen wird, wenn ich ihn ab und zu daran erinnere, dass er nach Karin schauen möge. Er wird ihr dann zur rechten Zeit den richtigen Menschen in den Weg schicken, der ihr Wegweiser ist.

Jesus sagt: Was geht's dich an, Frau, was ich tue? Meine Stunde ist noch nicht gekommen.
Johannes 2,4

Hare Krishna

Mein Vater hatte schon immer ein Herz für Menschen, ganz besonders für solche am Rande der Gesellschaft und für Menschen, die Gott nicht kennen. Aus meiner Kindheit erinnere ich mich noch, wie er Menschen aufnahm, die gerade aus dem Gefängnis entlassen worden waren. Meine Eltern gaben diesen Menschen ein Zuhause, obwohl wir finanziell und vom Wohnraum her selbst sehr eingeschränkt lebten. Es kam immer wieder vor, dass sich solche Menschen dann mit dem wenigen, was wir hatten, absetzten und eines Morgens einfach verschwunden waren. Das hinderte meine Eltern aber nicht daran, ihre Tür trotzdem immer wieder für andere Menschen zu öffnen. Als Kind und später als Teenager konnte ich das manchmal nicht verstehen. Heute weiß ich, dass es die Liebe zu Gott war, die meine Eltern dazu trieb.

Mein Vater wurde 84 Jahre alt, obwohl die Ärzte ihm fast 50 Jahre weniger vorausgesagt hatten. Er überforderte sich ständig und ein lieber Freund sagte einmal zu ihm: »Da du dir keine Pausen gönnst, kann ich nicht mehr für dich beten.« Gott gebrauchte meinen Vater jedoch bis ins hohe Alter auf vielfältige Weise.

Einmal waren Freunde meines Vaters mit dem Auto unterwegs. Als sie auf die Autobahn fuhren, stand da eine junge Anhalterin. »Wir wollen sie mitnehmen«, sagten die beiden zueinander, »damit sie nicht in die falschen Hände gerät.« Das Mädchen wollte nach Frankfurt. Von München bis dorthin war es eine lange Fahrt. Unterwegs kamen sie miteinander ins Gespräch. Das Mädchen, Zilli, begann erst zögernd und dann immer offener zu erzählen. Sie fasste Vertrauen zu den Menschen, bei denen sie im Auto saß und die echtes Interesse an ihrem Leben zeigten. »Ich bin auf der Suche nach Leben und will die Hare Krishnas kennen lernen«, sagte Zilli.

Die Freunde meines Vaters fuhren nicht bis Frankfurt. Sie machten sich ernstlich Sorgen um Zilli, die offensichtlich von zu Hause weggelaufen war. »Weißt du«, erklärten sie ihr, »du kannst ruhig nach Frankfurt gehen. Aber zuvor solltest du einen Freund von uns kennen lernen, der bei Pirmasens wohnt. Wir bringen dich gern zum Bahnhof und zahlen dir die Fahrkarte dorthin. Hier ist seine Adresse. Du musst uns versprechen, ihn zu besuchen, bevor du nach Frankfurt reist.« Zilli versprach es und setzte sich in den Zug.

Spät am Abend klingelte sie an der Haustür meiner Eltern. Als mein alter, weißhaariger Vater öffnete, sagte Zilli: »Ich suche Herrn Katzenmaier.« »Komm herein und sei willkommen«, lud mein Vater sie ein. Meine Mutter machte ihr etwas zu essen. Zilli sprach bis nach Mitternacht mit meinem Vater. Sie konnte begreifen, dass die Liebe Gottes sie bis hierher verfolgt hatte, um sie zu retten, und dass Gott seinen Sohn Jesus hergegeben hatte, um sie vom ewigen Tod zu erlösen und ihr den Himmel zu schenken. Tiefer Friede zog in Zillis Herz ein. Noch nie hatte sie so gut und tief in den nächsten Morgen hineingeschlafen wie nach diesem Gespräch.

Als Zilli gefragt wurde, ob ihre Eltern Bescheid wüssten, wo sie sei, verneinte sie. Mein Vater rief Zillis Vater an und erklärte ihm die Situation. Der Vater des Mädchens bat Zilli nur um eines: »Komm wieder heim. Ich hab solche Angst um dich gehabt.« Zilli blieb eine weitere Nacht im Haus meiner Eltern, um noch mehr über Gott zu erfahren, dem sie so wertvoll war. Zu den Hare Krishnas wollte sie nicht mehr. Sie hatte gefunden, wonach sie gesucht hatte. Am nächsten Morgen brachte mein Vater Zilli zum Bahnhof, zahlte ihre Fahrkarte und setzte sie in den Zug. Wieder war sie unterwegs. Doch jetzt fuhr sie nach Hause Richtung München, mit der inneren Gewissheit, dass Gott bei ihr sei und ihr in Jesus Christus Leben und Erfüllung schenken würde.

Jesus sagt: Ich bin gekommen, damit sie das Leben und volle Genüge haben sollen.
Johannes 10,10

Der ungläubige Thomas namens Ruth

»Ich muss unbedingt mit dir sprechen«, sagte meine Mutter am Telefon. »Bitte komm bei mir vorbei.« Ich fuhr mit dem Auto zu ihr. »Sie haben Magenkrebs bei mir festgestellt«, erzählte meine Mutter, »und ich soll baldmöglichst operiert werden. Was meinst du dazu?«

»Lass dich bitte operieren«, riet ich ihr.

»Weißt du, wir sterben nach Gottes Plan«, entgegnete sie. »Wenn meine Zeit jetzt gekommen ist, dann bin ich eben dran. Und wenn Gott will, kann er mich auch heilen.«

»Ich weiß, dass er es kann, das bezweifle ich nicht, aber manchmal müssen wir den Umweg über den Arzt nehmen, wenn einer da ist. Gott erspart uns nicht alles Unangenehme in unserem Leben«, versuchte ich sie zu überzeugen und bat sie eindringlich: »Bitte, Mama, bitte geh zur Operation!«

Meine Mutter ließ sich einen Termin geben. Noch am Abend vor der Operation besuchte ich sie im Krankenhaus und betete mit ihr. Sie war gefasst. Doch mit ihrem Humor rief sie mir noch beim Abschied zu: »Nur wegen dir bin ich hier, du ungläubiger Thomas.«

Kurze Zeit nach dem Eingriff war ich wieder bei

ihr. Müde schaute mich meine Mutter an: »Es geht mir gut«, erklärte sie, »aber Magenkrebs habe ich nicht. Weil sie nichts finden konnten, haben sie mir die Gallenblase mit den vielen Steinen darin entfernt. Da auf dem Nachttisch kannst du dir die Steinsammlung anschauen.«

Mit Magenkrebs eingeliefert und dann die Gallenblase entfernt? Ich konnte das kaum fassen. Ich musste unbedingt mit dem zuständigen Arzt sprechen und bekam problemlos einen Termin. »Entschuldigen Sie meine Nachfrage«, begann ich, »aber wenn ich meine Mutter recht verstanden habe, sollte sie wegen Magenkrebs operiert werden. Stattdessen liegen jetzt Steine auf ihrem Nachttisch. Sie meint, es seien Gallensteine. Ist da vielleicht ein Fehler unterlaufen?«

Dem Arzt war die Unterredung sichtlich peinlich. »Es tut mir wirklich Leid«, sagte er, »aber ich kann das alles auch nicht verstehen. Wir haben zu viele Untersuchungen gemacht, als dass es sich um einen Irrtum handeln könnte. Ihre Mutter hatte nachweislich Magenkrebs. Doch bei der Operation waren keinerlei Anzeichen mehr davon zu finden. Wir haben sogar ein Fenster in den Magen geschnitten und wieder geschlossen. Da der Bauch nun schon einmal offen war, nahmen wir die Gallenblase heraus, in der man auf dem Röntgenbild deutlich die Steine gesehen hatte. Allerdings war diese Operation ursprünglich nicht vorgesehen, da diesbezüglich ja keine Beschwerden bestanden. So etwas ist mir noch nie vorgekommen. Es tut mir Leid.« Er verabschiedete sich kopfschüttelnd von mir.

Ich erzählte meinem Vater von diesem Gespräch. Daraufhin suchte auch er den Arzt auf und sagte ihm: »Ich möchte Sie nur wissen lassen, dass wir für die Heilung meiner Frau gebetet haben. Außerdem haben wir auch für Sie gebetet, dass Gott Ihre Hände bei der Operation führen sollte. Und darauf hat Gott offensichtlich geantwortet.« Der Arzt nickte stumm mit dem Kopf. So etwas hatte er wohl noch nie zuvor in seinem Leben gehört.

Als ich meine Mutter nach zwei Tagen wieder besuchte, fühlte sie sich ausgesprochen wohl und hatte keinerlei Schmerzen. »Du ungläubiger Thomas«, begrüßte sie mich, »wegen dir habe ich jetzt diese schreckliche Narbe am Bauch!« Es ging ihr so gut, dass sie sich später heimlich von Freunden abholen ließ und den Nachmittag zu Hause verbrachte, bevor sie sich abends wieder brav ins Krankenhaus begab. Nach wenigen Tagen wurde sie schon entlassen.

Noch lange danach sagte sie, immer wenn ich sie besuchte: »Da kommt ja der ungläubige Thomas«, und dabei trug sie ein frohes Lachen auf dem Gesicht. »Weißt du«, erklärte sie mir dann eines Tages, »ganz im Vertrauen muss ich dich doch etwas wissen lassen: Es ist gut, dass ich mich operieren ließ. Sonst wüsste ich nie genau, ob Gott mich angerührt hat oder ob diese Krankheit noch in meinem Körper ist. Nun habe ich zwar diese Narbe, aber sie erinnert mich daran, wie groß unser Gott ist. Und außerdem: Die Steine hätten sich ja später auch mal melden können, und dann vielleicht in einem ganz ungünstigen Augenblick. Die sind für immer entfernt und werden mich nicht mehr plagen.« So groß ist Gott!

Gott spricht: Rufe mich an, so will ich dir antworten und will dir kundtun große und unfassbare Dinge, von denen du nichts weißt.
Jeremia 33,3

»Ich kann nicht weiterleben«

Am Samstagmorgen sollte ein großer Frauentag in Duisburg stattfinden. Ich hatte viel zu packen, denn drei unserer Kinder wollte ich unterwegs zu ihren Paten bringen. Sie sollten einen Verwöhntag dort haben, während ich auf Reisen war. Mit meiner treuen Freundin Elli machten wir uns am Abend auf den Weg, denn wir rechneten mit vier Stunden Fahrt.

Fröhlich kamen wir bei den Pateneltern an. Diese zeigten jedoch besorgte Gesichter. »Ihr sollt sofort zu Hause anrufen«, sagten sie zur Begrüßung. Ich ahnte nichts Gutes. Am Telefon berichtete mir mein Mann: »Als ich durchs Haus ging, bemerkte ich einen größeren Zettel am Spiegel, der mir wie eine Notiz vorkam. Ich lese ihn dir vor: ›Meine lieben Eltern. Ich muss von euch Abschied nehmen. Es ist etwas Schreckliches passiert. Mein Freund, den ich so sehr liebe, hat mir gesagt, dass er mich verlassen wird. Er hat eine andere. Ich kann damit nicht umgehen. Wir wollten doch heiraten. Bitte verzeiht mir, was ich vorhabe, aber ich kann nicht anders. Ich werde euch immer liebhaben.‹« Mein Herz begann zu rasen. Ich war völlig verwirrt. »Komm heim«, bat mein Mann. »Ich möchte in dieser Sache nicht allein sein.«

Auf dem Heimweg schrie ich innerlich unentwegt zu Gott: »Herr Jesus, hilf ihr, rette sie! Bring sie von den Selbstmordgedanken weg, halte sie auf, wenn sie sich etwas antun will, schick deine Engel.« Zwischenzeitlich konnte ich gar nicht richtig denken, sondern seufzte und weinte nur vor Gott. Mein Mann hatte inzwischen die Polizei informiert, unser Sohn hatte über Funk Fernfahrer erreicht und das Autokennzeichen ihres Wagens durchgegeben. Alle waren informiert, aber trotzdem hörten wir nichts von ihr.

Ich gab den Veranstaltern des Frauentages Bescheid, sie sollten jemand anders für die Vorträge suchen. Aber sie baten mich flehend, doch zu kommen. An Schlaf war in dieser Nacht kaum zu denken. So machten Elli und ich uns am Morgen gegen vier Uhr wieder auf den Weg nach Norden. Wir beteten ohne Unterlass.

Gegen sechs Uhr versuchte Elli im Autoradio den Evangeliumsrundfunk einzustellen. Leider hatten wir nur sehr schlechten Empfang. Trotzdem verstanden wir zwei Sätze sehr klar. Einer war ein Teil des Bibelverses Römer 8,28: »... alle Dinge zum Besten dienen.« Und mitten in dem Rauschen und Gemurmel verstanden wir sehr deutlich: »Ich werde ihr helfen und sie retten.« Das waren die Rettungsringe, an denen ich mich in meinem aufgewühlten Inneren festklammerte, um nicht in meinen Gefühlen unterzugehen.

Bei dem Frauentag in Duisburg bewegte Gott

die Herzen. Viele Menschen machten einen neuen Anfang mit Gott. Ich spürte Gottes Nähe und Liebe. Für eine Weile konnte ich meine eigene Not vergessen, als ich in den Pausen zuhörte, wie mir einige Frauen ihr Herz ausschütteten. Doch dann kam der Heimweg. Während wir in die Nacht hineinfuhren, wurde meine Angst immer größer. Würde ich meine Tochter je wiedersehen? War sie inzwischen gefunden worden? War sie noch am Leben?

Wir holten meine drei Kinder unterwegs von den Pateneltern ab. Sie waren noch voller Freude und erzählten, was sie alles unternommen hatten. Doch nach dem guten Abendessen wurde zwei von ihnen bei den vielen Kurven auf dem Heimweg schlecht und sie mussten sich übergeben. In diesem Zustand und mit bangem Herzen kamen wir zu Hause an. Und da stand das Auto meiner Tochter vor der Tür! Sie war zu Hause!

»Mama«, erzählte sie mir später, als sie ihre Fassung ein Stück weit wiedergefunden hatte, »ich stand nicht nur auf einer Brücke. Es waren mehrere. Immer wieder nahm ich mir vor hinunterzuspringen, denn der Schmerz im Inneren war kaum auszuhalten. Aber ich konnte nicht, ich konnte einfach nicht springen. Etwas hielt mich mit aller Macht zurück. Fast möchte ich sagen: Jemand hinderte mich daran, übers Geländer zu können.«

»Ich weiß, wer es war«, antwortete ich. »Es waren die Engel Gottes, die dich festhielten. Gott hat seine Engel gesandt, damit sie dich behüten.«

Heute ist diese junge Frau mit einem wunderbaren Mann verheiratet. Und sie ist unendlich dankbar dafür, dass es nicht derjenige ist, um dessentwillen sie von der Brücke springen wollte.

Er hat seinen Engeln befohlen, dass sie dich behüten auf allen deinen Wegen.
Psalm 91,11

Denen, die Gott lieben, müssen alle Dinge zum Besten dienen.
Römer 8,28

Der Abtreibungsschein

Wir packten für den Urlaub. Ich freute mich darauf, wieder einmal ausspannen zu dürfen. Freunde hatten uns ihr Haus an der Nordsee zur Verfügung gestellt. Ich sah darin die liebende Fürsorge von Menschen, aber auch von Gott, der wusste, wie es mir ging.

Da läutete das Telefon. Eigentlich wollte ich gar nicht drangehen, denn ich schaffte es ohnehin kaum, das Nötigste zusammenzusuchen. Aber es könnte ja irgend etwas Wichtiges sein, das vorher erledigt werden müsste, sagte ich mir.

»Heil, guten Tag«, meldete ich mich.

Schweigen.

»Ist dort jemand oder haben Sie sich verwählt?«

Jetzt hörte ich leises Schluchzen. Danach die monotone Stimme einer Frau: »Ich habe Sie einmal bei einem Frauenfrühstück gehört. Am Montag habe ich den Abtreibungstermin. Ich weiß nicht ein noch aus. Bitte helfen Sie mir.«

Ich spürte, dass es um die Rettung eines Menschen ging, oder besser, um die Rettung einer Mutter und ihres Kindes. »Kommen Sie zu mir«, bat ich sie. Da sie nicht wusste, wohin sie ihre Kleinkinder bringen sollte, schlug ich ihr vor, sie mitzubringen. Und so machte sie es auch. Statt in den Urlaub zu starten, saß ich nun einer verzweifelten jungen Frau gegenüber. »Mein Mann hat gedroht, mich zu verlassen, wenn ich dieses Kind behalte. Wir haben schon drei kleine Kinder. Ich fühle mich überfordert, und auch er ist am Rande seiner Kraft. Und er fragt sich auch: Was werden seine Arbeitskollegen sagen? Werden sie ihn verspotten? Vielleicht ist das für ihn das Schlimmste.

Wir haben dieses Kind nicht geplant. Es ist mir schleierhaft, wie es entstehen konnte. Wissen Sie, mein Mann ist ein wunderbarer Vater. Wenn er uns nun verlässt, verlieren meine Kinder ihren Vater. Dieser Preis ist mir einfach zu hoch. Und gestern hat er nun wirklich die Schlüssel auf den Tisch gelegt und ist weggegangen. ›Tu was‹, hat er gesagt, ›sonst siehst du mich nicht wieder.‹

Ich spüre, dass dieses Leben in mir zur Welt kommen will. Aber ich bin so verzweifelt, dass ich kaum denken kann. Ich war bei der Beratungsstelle und habe sofort einen Termin bekommen, nämlich Montag. Bitte, helfen Sie mir!«

Wir verschoben den Urlaub um einen weiteren Tag und trafen uns wieder mit ihr. Allmählich kam ihr Herz zur Ruhe. Sie machte ihre Beziehung zu Gott neu fest. Auch wenn ihr Mann nicht mehr nach Hause kommen sollte, würde Gott sie führen. Sie kam zu dem Entschluss, dass sie um dieses Kind kämpfen wollte. Den Termin sagte sie mit bangem Herzen ab, denn das bedeutete, dass ihr Mann, den sie sehr liebte, nicht zurückkehren würde. Es war eine furchtbare Zerreißprobe für sie.

Endlich brachen wir in den Urlaub auf. Ich hatte fast nichts gepackt, so erschöpft war ich. Die Kinder hatten erstaunlich selbstständig ihre Sachen zusammengesucht. Ich merkte wieder einmal neu, dass manches in Bewegung kommt, wenn die Mutter ausfällt. Müssen wir vielleicht manchmal schlappmachen, damit unsere Kinder zeigen können, was in ihnen steckt?

An der Nordsee fühlte ich ganz langsam, wie meine Kraft zurückkehrte. Am Anfang schlief ich fast die ganze Zeit und stand nur zum Kochen auf. Aber Tag für Tag ging es weiter aufwärts. In der zweiten Woche nahm ich die Sonnenuntergänge am Meer wieder richtig wahr, erlebte mit Staunen die Flugkünste der Möwen, beobachtete den tanzenden Drachen im Wind. Durch all die Tage hindurch, mitten in der Erschöpfung und bei der neu entdeckten Freude an der Schöpfung, begleitete mich der unhörbare Jubel des Kindes im Mutterleib, das leben durfte – und die stille Freude, dass ich eine Mutter vor einer schweren Depression hatte bewahren dürfen.

Inzwischen ist das Kleine zur Welt gekommen. Der Vater zog vorher wieder zu Hause ein und war bei der Geburt dabei. Nun gehört der kleine Mensch zur Familie und wird von allen heiß geliebt, besonders vom Vater.

Das sind die Wunder im Alltag, von denen oft nur die wissen, die sie erfahren. Wunder sind wie Edelsteine, entdeckt im Geröll, das uns gerade begraben will. Sie sind selten im Sonnenschein zu finden. Wunder sind da nötig, wo es Wunden gibt. Deshalb dürfen wir gerade in den Tiefen unseres Lebens hoffen und glauben, dass genau dort Wunder geschehen.

Ich kannte dich, ehe ich dich im Mutterleib bereitete.
Jeremia 1,5

Schlittenfahrt in die Tiefe

Eine tolle Einladung! Freunde boten uns an, mit drei Kindern bei ihnen Winterurlaub zu machen. Sie wohnen in St. Veith im Pongau in Österreich – ein Traumziel mit Bergen und Schnee. Das Reihenhaus unserer Freunde liegt an einer Straße am Hang, die als Sackgasse endet und durch einen Zaun begrenzt ist. Wir parkten direkt vor dem Zaun und hatten nur ein paar Meter bis zur Haustür. Wir mussten unsere Koffer nicht weit schleppen, und so war schon der Beginn des Urlaubs erholsam.

Von der nächsten Ski- und Schlittenpiste waren wir nur 100 Meter entfernt. Es war wirklich Urlaub! Wir hatten keine Ahnung vom Skifahren, aber mit dem Schlitten und dem Bob in die Tiefe zu sausen machte einen Riesenspaß. Miteinander und nacheinander rodelten wir den Hang hinunter. Die Kinder bekamen ganz rote Wangen vor Aufregung und von dem frischen Wind, der ihnen um die Ohren pfiff.

Als ich mit unserem Jüngsten, dem vierjährigen Junias, wieder am Aufstieg war, kam uns die neunjährige Salome entgegengebraust. Sie konnte den Schlitten noch nicht so gut steuern und kam direkt auf uns zu. Ich versuchte, den Kleinen aus der Bahn zu ziehen, und rutschte aus. Junias wurde mitgerissen. Mit Schrecken sah ich, wie ein nachfolgender Bob auf seinen Kopf zusteuerte. Auch darin saß ein Kind, das sein Gefährt nicht richtig unter Kontrolle hatte. Ich schrie zu Gott und irgendwie konnte das andere Kind doch noch ausweichen. Junias passierte nichts. Wie viele Engel mochten wohl auf diesen Schneehängen im Einsatz sein, fragte ich mich.

Es wurde dunkel und wir machten uns auf den kurzen Heimweg. Nieselregen hatte inzwischen eingesetzt. Er bildete auf der Straße eine glänzende Eisschicht. Nur mühsam kamen wir auf der kleinen Straße zum Haus voran. Wir stapften durch die an der Seite aufgetürmten Schneeberge, um nicht auszurutschen. Ich hielt den Jüngsten an der Hand und mahnte ständig zur Vorsicht. Für einen Moment machte er sich los, weil sein Bob hängen geblieben war. Und noch ehe ich es richtig fassen konnte, hatte er sich in den Bob gesetzt und raste mit atemberaubender Geschwindigkeit auf der eisglatten Straße in die Tiefe. Mir stockte der Atem und mein Herz begann wild zu schlagen. Am unteren Ende der Straße stand unser Auto. Änderte der Bob seine Bahn nicht, würde er auf das Heck des Autos prallen. Oder er würde gegen die Hauswand oder in den Jägerzaun sausen.

Ich versuchte loszurennen, was im hohen Schnee sehr schwierig war. In meinem Inneren war ein einziger Schrei: »Herr Jesus, Herr Jesus, hilf!« Voller Entsetzen musste ich zuschauen, wie der Bob mit Riesengeschwindigkeit unters Auto raste. Mit dem Kopf blieb der Kleine an der Stoßstange hängen. Dann war es still.

Grausame Bilder gingen mir im Kopf herum, während ich weiterhastete. Schließlich kam ich beim Auto an und zog das Kind hervor. Mit weit geöffneten Augen schaute Junias mich an. Ich schloss ihn in die Arme und weinte hemmungslos. »Mama, wein doch nicht. Es geht mir gut«, tröstete mich die kleine Stimme. »Tut dir etwas weh?«, fragte ich. »Und wie fühlt sich dein Kopf an?«, wollte ich weiter wissen. »Es ist alles okay«, strahlte er mich an.

Wir gingen ins Haus und ich schaute ihn genau an. Es schien ihm wirklich gut zu gehen. Nicht einmal ein Kratzer war zu sehen.

Ich habe schon von Unfällen gehört, die ähnlich abliefen und bei denen einem Kind der Kopf abgetrennt wurde oder Lähmungen oder andere schwere Behinderungen auftraten. Darum bin ich sicher, dass Gott uns einen Engel sandte, der die Fahrt vor dem Auto abbremste oder sich als besonderen Schutz um Nacken und Kopf legte. Wie Engel das machen, weiß ich natürlich nicht. Aber eines weiß ich genau: Ohne ein übernatürliches Eingreifen hätte ich mein Kind nicht heil unter dem Auto hervorgezogen. Danke, lieber Vater im Himmel, für deine wunderbaren Boten, die du immer wieder als Hilfe für uns Menschen ausschickst!

Er hat seinen Engeln befohlen, dass sie dich behüten.
Psalm 91,11

Friede inmitten von großer Trauer

Eine Leidensgeschichte von vielen Jahren lag hinter Christa. Endlich taten sich Türen auf und sie sah einen neuen Weg vor sich. Sie wollte im Sportwagen durch Deutschland fahren und eine eigene Firma haben. Dieses Ziel schien in greifbarer Nähe zu liegen, als sie schwanger wurde.

Zunächst war das ein Schock für Christa. Sie war gerade im Begriff, sich von dem Mann zu trennen, der für die Schwangerschaft verantwortlich war. Aber schließlich erschien es ihr doch wie ein Geschenk, ein Kind haben zu dürfen, und sie entschied sich dafür, das Baby zu bekommen. Um sich etwas sicherer zu fühlen, ging Christa regelmäßig zur Wahrsagerin. Das gab ihr das Gefühl, die Dinge besser in den Griff zu bekommen.

Der kleine Simon kam zur Welt, aber es war kaum Leben in ihm. Es gab viele Komplikationen. Der Kleine überlebte, wenn auch schwer behindert. Die Mutter hatte ständig große Angst um ihr Kind, das sie sehr liebte. In dieser Situation ermutigte sie ein Freund, mich zu besuchen und mit mir zu sprechen.

Bei unserem Gespräch erlebte Christa die spürbare Nähe Gottes. Sie war so ergriffen, dass sie Jesus Christus bat, in ihr Leben zu kommen. Trotz allem schweren Leid mit Simon konnte sie die Fürsorge Gottes für sich und ihren Sohn begreifen und annehmen.

Die Monate vergingen. Immer wenn Christa zu mir kam, beteten wir für Simon. Wir flehten Gott um ein Wunder an. Aber es geschah nicht. Eines Tages rief Christa bei mir an und sagte mir: »Simon ist gestorben.« Ich konnte zunächst nichts fühlen. Es war, als würde ich in einen bodenlosen Abgrund fallen. Ich fand keine Worte des Trostes. Was sollte ich ihr auch sagen? Sie hatte angefangen, mit Gott zu leben, hatte sich von der Wahrsagerei abgewandt – und war das nun die Antwort Gottes?

»Und ich wollte dich noch bitten«, fügte Christa ganz gefasst hinzu, »dass du bei der Beerdigung das Lied ›When peace like a river‹ singst.«

Ein paar Tage später war ich mit dem Auto auf dem Weg zur Beerdigung. Die Sonne schien warm, aber in meinem Inneren war es finster. Ich fuhr sehr langsam, denn meine Tränen behinderten mir die Sicht. Mir war angst und bang vor den nächsten Stunden. Ich sollte singen? Mir blieb der Ton schon im Hals stecken, während ich hier im Auto saß und den Sarg noch gar nicht vor mir hatte! Nein, ich konnte unmöglich singen, das spürte ich. Christa zuliebe wollte ich es versuchen, aber außer Weinen würde ich bestimmt gar nichts fertig bringen.

Mit schwerem Herzen stieg ich aus und nahm mein Instrument mit. Je näher ich zur Friedhofskapelle kam, umso mehr stockte mein Schritt. Die Tür stand offen und ich ging hinein. Vor mir sah ich den kleinen weißen Kindersarg, umgeben von Blumen und vielen Kuscheltieren. Menschen saßen in den Bänken. Ganz vorne war Christa. Ich musste sie anschauen und konnte meinen Blick nicht von ihr wenden. Als ich sie umarmte, spürte ich einen tiefen Trost, der von ihr ausging. Niemand weinte. Es war eine heilige, geborgene Atmosphäre, die an den Himmel erinnerte. Man konnte gar nicht weinen. Ein tiefer Friede erfüllte den ganzen Raum.

Nachdem wir eine bewegende Ansprache gehört hatten, sang ich mein Lied: »When peace like a river attendeth my way, when sorrows like sea billows roll. Whatever my lot, thou hast taught me to pray: It is well, it is well with my soul.« – »Wenn Friede mit Gott meine Seele durchdringt, ob Stürme auch drohen von fern, mein Herze im Glauben doch allezeit singt: Mir ist wohl, mir ist wohl in dem Herrn.«

Horatio Spafford, der Verfasser dieses Liedes, war Missionar. Da er sehr beschäftigt war, konnte er eine geplante Reise mit seiner Frau und vier seiner Kinder nicht antreten. Er schickte sie schon mit dem Schiff voraus, um später nachzukommen. Auf halbem Weg über den Atlantik wurde das Schiff von einem anderen Schiff gerammt und sank innerhalb von zwölf Minuten. 226 Menschen ertranken, darunter auch die vier Töchter. Spaffords Frau war unter den wenigen Geretteten. Stundenlang stand Spafford an Deck des Schiffes, das ihn zu seiner trauernden Frau bringen sollte. Als er mit dem Schiff an die Stelle kam, an der seine vier kostbaren Kinder ertrunken waren, empfing Spafford tiefen Trost von Gott, der ihn dieses Lied schreiben ließ.

Beim Tod des kleinen Simon begriff ich: Da gibt es einen, der auf unsichtbare Weise so tief trösten kann, wie es kein Mensch fertig bringt. Gott erspart uns nicht alles Leid. Aber er kommt uns im Schmerz ganz nah, wenn wir das zulassen. Ich bin heute sicher, dass im ganzen Raum Engel waren, die die Menschen in den Armen hielten, um sie zu trösten, besonders Christa.

Wir werden auf dieser Erde nie alles verstehen. Aber es wird der Tag kommen, an dem wir Gott nichts mehr fragen werden. Da wird alles geklärt sein. Doch auch heute schon will er uns seinen Frieden geben. Jesus sagte zu seinen Jüngern (Joh. 16,23): »An dem Tage werdet ihr mich nichts fragen.«

Der Friede Gottes, der höher ist als alle Vernunft, bewahre eure Herzen und Sinne in Christus Jesus.
Philipper 4,7

Die verlorene Stimme

Jahre hatte ich es vor mir hergeschoben, aber nun musste ich mich unters Messer begeben: Über zwanzig Knoten hatte der Arzt bei der letzten Untersuchung an meinem Hals gezählt. Ich fühlte Schluckbeschwerden und gelegentliche Atemnot, da es in meinem Hals immer enger wurde. Dass die Tumore bösartig sein könnten, war weitgehend ausgeschlossen. Das machte mich unendlich dankbar. Es steckte jedoch eine tiefe Angst in mir, ich könnte nach der Struma-Operation nicht mehr oder nur mit sehr veränderter Stimme sprechen. Am meisten fürchtete ich, nicht mehr singen zu können. Beim Singen kann ich viele meiner Gefühle vor Gott tragen und werde dabei getröstet und ermutigt.

»Das ist kein Problem«, meinte der Arzt, als ich meine Befürchtungen äußerte. »Nur selten verliert jemand seine Stimme. Und warum sollte das gerade bei Ihnen passieren?« Bei meiner Einlieferung kam ich ins Zimmer einer frisch operierten Patientin. Sie sprach schon wieder einwandfrei. Als ich ihr von meiner Sorge erzählte, verwies sie auf sich selbst und redete mir meine Befürchtungen aus.

Mir wurde neu bewusst, wie wenig ich Gott in dem, was er mit mir vorhatte, vertraute. Wusste er nicht viel besser, was gut für mich war? Es stand in seiner Entscheidung, was mit meiner Stimme geschehen würde. »Befiehl dem Herrn deine Wege«, zitierte ich innerlich, »und hoffe auf ihn, er wird's wohlmachen.« Ja, eigentlich wusste ich das. Aber wenn sein »Wohlmachen« nun so aussehen sollte, dass ich meine Stimme verlieren würde? Ich hatte in meinem Leben schon oft erfahren, dass Gott manches Gebet so ganz anders beantwortete, als ich es mir gewünscht hatte.

»Sagen Sie einfach das Wort Amerika, wenn Sie aus der Narkose aufwachen«, rief mir meine Bettnachbarin zu, als ich zum OP gebracht wurde. Als ich wieder zu mir kam, saß mein lieber Mann am Bett. Ich war so froh darüber! Und mir fiel ein, was die Nachbarin mir geraten hatte. »Amerika«, wollte ich meinen Mann begrüßen. Aber außer einem Krächzlaut brachte ich nichts heraus.

An den folgenden Tagen wurde ich bei jeder Visite vertröstet. »Das ist ganz normal. Das kommt schon alles wieder. Machen Sie sich keine Sorgen.« Aber ich machte mir Sorgen! Ständig kreiste der Gedanke in meinem Kopf herum: »Und wenn nun nichts mehr wiederkommt?« Die Wochen nach dem Krankenhausaufenthalt brachte ich bei Reizstrom und im Wartezimmer bei Nachuntersuchungen zu. Schließlich hatte ich Behandlungen bei einem Stimmtherapeuten, der Atemübungen mit mir machte.

Die Wochen vergingen. Mit den Kindern konnte ich mich nur flüsternd unterhalten, und wenn ich sie von draußen hereinrufen wollte, klatschte ich in die Hände, um auf mich aufmerksam zu machen. Eines Sonntagsmorgens saß ich im Gottesdienst mit dem aufgeschlagenen Gesangbuch vor mir. Für einen Moment hatte ich vergessen, dass ich nicht singen konnte. Aber als ich in das Lied einstimmen wollte, kamen statt der Töne aus meinem Mund nur die Tränen aus meinen Augen.

Nach einigen Wochen erklärte mir der Chirurg bei einer weiteren Untersuchung: »Ihre Operation war eine schwierige Angelegenheit. Alles war verwachsen. Den einen Stimmbandnerv habe ich freipräpariert. Er ist unversehrt. Der andere war zu sehr im Gewebe verwachsen. Wahrscheinlich ist er gereizt und benötigt eine Zeit, um sich zu erholen.«

Würde er sich erholen? Ich begegnete einer Frau, die vor Jahren die gleiche Operation gehabt hatte. Sie konnte nur leise sprechen und ihre Stimme wirkte immer heiser. »Mein Kind«, hörte ich, als ich in diesen Tagen betete, »willst du mir trotzdem vertrauen?« Unter Tränen konnte ich nur antworten: »Herr, mach mit mir, was du willst. Ich gebe mich in deine Hände. Meine Stimme gehört dir.«

Es dauerte noch eine ganze Zeit, bis meine Stimme wiederkam. Aber sie kam! Heute kann ich wieder laut sprechen, wenn auch nicht ganz so lange und so laut wie zuvor. Menschen, die mich lange nicht mehr gehört haben, sagen mir: »Deine Stim-

me ist viel weicher geworden, auch beim Singen.«
Ich danke Gott von ganzem Herzen.

Befiehl dem Herrn deine Wege und hoffe auf ihn,
er wird's wohlmachen.
Psalm 37,5

Er führt auf rechter Straße

Ein erfüllter Frauentag lag hinter mir. Ich durfte Menschen von Jesus Christus weitersagen, meinem Herrn, ich konnte Menschen Mut machen. Zuletzt hatte ich noch ein längeres Gespräch mit einer Frau, deren Leben von großem Schmerz geprägt war.

Es begann schon dunkel zu werden, als wir den Heimweg antraten. Außer meiner Freundin Elisabeth waren drei meiner Kinder mit im Auto. Es dauerte nicht lange, da gerieten sie in Streit, weil alle gleichzeitig mit dem Gameboy spielen wollten. Als es trotz meiner Vermittlung keinen Frieden gab, nahm ich das Computerspielzeug an mich und sagte, dass der Besitzer es zu Hause zurückbekommen würde. Mein Sohn war zutiefst empört. Das Spiel gehörte ihm. Er begehrte heftig auf und gab seinem Ärger lautstark Ausdruck.

Ich hielt unterwegs an, weil ich in einer Kleinstadt bei einer Druckerei noch etwas abholen wollte. Die Kinder stiegen aus, um sich ein wenig Bewegung zu verschaffen. Als wir uns wieder auf den Weg machen wollten, war mein Sohn verschwunden. Die anderen Kinder hatten keine Ahnung, wo er geblieben sein könnte. Eine fieberhafte Suche begann. Inzwischen war es Nacht geworden und es wurde immer kälter. Die Temperatur sank unter null Grad und der Junge war ohne Anorak davongelaufen. Wo konnte er nur stecken? Wir kannten in dieser Ortschaft niemanden und er war noch nie dort gewesen. Ob er sich in einem der nahe gelegenen Neubauten versteckt hatte?

Nach zwei Stunden war er immer noch nicht aufgetaucht. Meine Sorge um ihn nahm zu. Bei dieser Kälte war er wirklicher Gefahr ausgesetzt, wenn nicht gar dem Tod durch Erfrieren. Ich hatte mich zu Hause gemeldet und Bescheid gesagt. Mein Mann wie auch der Besucher, der gerade bei ihm war, begannen zu beten. Die Polizei war informiert und kam, um den Sachverhalt aufzunehmen. Aber sie hatten auch keine Idee, was wir weiter unternehmen könnten. Die umliegenden Neubauten hatte ich inzwischen abgeklappert. In jedem Gebäude hatte ich seinen Namen gerufen und ihn gebeten herauszukommen. Wir wollten nicht weiterfahren, damit er uns genau hier wieder finden könnte. Aber wir wollten ihn auch gerne suchen. So informierten wir unseren Freund Norbert in Bad Bergzabern, die Strecke zu uns her abzufahren.

Wie Norbert auf die Idee kam, zuerst zur Wohnung meiner Freundin in Bad Bergzabern zu fahren, weiß ich nicht. Mit den Kindern waren wir noch nie auf dieser Strecke zu Elisabeth gefahren. Wieso sollte unser Junge dort hingelaufen sein – und wie hätte er die Straße finden können, in der sie wohnte? Von dem Ort, in dem wir angehalten hatten, waren es immerhin acht Kilometer auf der Landstraße oder durch die Weinberge nach Bad Bergzabern. Außerdem hatten wir heute vorgehabt, zu uns nach Fischbach und nicht zu Elisabeth nach Hause zu fahren, also eine ganz andere Route.

Wie dem auch sei, Norbert fuhr zu Elisabeths Wohnung und fand dort den Jungen auf den Stufen vor dem Appartmenthaus sitzend! Norbert war überaus erleichtert und gab uns sofort Bescheid. Mein Sohn schien überhaupt nicht verstört. Er war ganz sicher gewesen, dass wir ihn genau dort suchen und finden würden.

Ich weiß bis heute nicht, wie mein neunjähriger Junge bei Dunkelheit und völliger Unkenntnis des Weges sowohl Bad Bergzabern als auch Elisabeths Straße dort finden konnte. Ich möchte mir gar nicht ausmalen, was passiert wäre, wenn das falsche Auto ihn mitgenommen hätte oder wenn er bei Dunkelheit auf der Landstraße angefahren worden oder irgendwo in den Weinbergen erfroren wäre. Etwa zweieinhalb Stunden war er gelaufen, um sein Ziel zu erreichen. Und wir wären niemals auf die Idee gekommen, ihn auf dem Weg dorthin zu suchen!

Eines weiß ich aber: dass Gott ihm einen Engel geschickt hat, der ihm den Weg zeigte. Wir sehen die Engel selten, aber Gott sendet sie aufgrund unserer Gebete. Viele Situationen, die schlimm aussehen, gehen glimpflich aus, weil Gott uns seine Boten sendet, die unsichtbar helfen. Statt »Schwein gehabt« sollten wir viel öfter sagen: »Gott sei Dank!« – »Du hast unsere Gebete erhört.«

Er führet mich auf rechter Straße um seines Namens willen.
Psalm 23,3

Motorrollerfahrt mit Folgen

Unsere Familie wuchs stetig. Unser neuntes Kind bewegte sich schon lebhaft in meinem Bauch. Ich war im fünften Monat schwanger. Unser VW-Bus hatte uns all die Jahre treue Dienste geleistet. Allerdings schluckte er viel Benzin und das bekam unserer Haushaltskasse gar nicht gut. Da wir außerhalb des Ortes wohnten, brauchten wir ständig ein Fahrzeug. »Lass uns einen Motorroller kaufen«, schlug ich meinem Mann vor. »Dann können wir damit zur Post fahren und ein einzelnes Kind mal schnell von der Schule abholen, wenn es früher aus hat, ohne dabei so viel Benzin zu verbrauchen.« Mein Mann war einverstanden, und ich kaufte im 20 Kilometer entfernten Städtchen einen einfachen Roller.

Ich war begeistert. Auf diese Weise hatte ich ohne besondere Anstrengung ein bisschen frische Luft und es machte riesigen Spaß, mit diesem Gefährt herumzusausen.

An einem trüben Sonntagnachmittag hatten wir die Idee, das Beste aus dem Wetter zu machen, indem wir alte Familienfilme auf einem noch älteren Apparat anschauten. Doch gleich zu Beginn riss der Transportriemen. Alle waren enttäuscht. Ich rief einen Geschäftsmann im Ort an und er bot mir an, ich könne zu ihm kommen und Ersatz holen.

Also setzte ich mich erleichtert auf den Roller und nahm unsere zwölfjährige Tochter mit. Wir fuhren beide vorschriftsmäßig mit Helm, aber unser kleines Ungeborenes hatte natürlich keinen auf. Auf dem Nachhauseweg nahmen wir einen wenig befahrenen kleinen Umweg durch den Wald, um das Fahrvergnügen richtig zu genießen. Es war nicht besonders kalt und ich hatte nur einen leichten Mantel angezogen. Vor einer Linkskurve wollte ich leicht abbremsen, um kein Risiko einzugehen.

Aber da passierte es: Die Bremse reagierte nicht. Ich geriet in Panik. Die Kurve konnte ich zwar ohne Bremse schaffen, aber gleich danach kam eine Kreuzung, an der wir halten mussten. In Sekundenbruchteilen erfasste ich, dass wir Gefahr liefen, in ein Auto hineinzufahren. Ich musste schnellstens eine Lösung finden. An der Straße zog sich ein nicht sehr tiefer, grasbewachsener Graben entlang. »Wenn ich dort hineinfahre, kann ich den Roller vielleicht zum Stehen bringen«, schoss es mir durch den Kopf. Ohne weiter nachzudenken, schwenkte ich den Roller herum.

Was danach geschah, weiß ich nicht mehr. Als ich wieder zu mir kam, lag ich auf der Straße, etwa drei Meter von unserem Fahrzeug entfernt. Ich fand mich auf den Knien und Unterarmen wieder. Zunächst suchte ich voller Schrecken meine Tochter. Sie lag hinter mir am Boden und kam auch gerade zu sich. Sie schaute mich erstaunt an. Im Gesicht und an Händen und Beinen hatte sie Schürfwunden und blutete etwas. Es gelang uns beiden, langsam aufzustehen. Dann betrachteten wir den Roller. Er stand aufrecht im Graben! Die Vorderseite hatte sich in eine Betonröhre gebohrt, die ich vorher nicht bemerkt hatte. Es war uns nicht möglich, den Roller herauszuziehen.

Dann schauten wir an uns hinunter. Wir sahen beide sehr schmutzig aus. Mein Gesicht hatte trotz Helm viele Kratzspuren. Das Visier hatte sich nach oben geschoben und meine Nase war verletzt. Die Knie und Oberschenkel waren aufgerissen, die Unterarme leicht geschürft. Mit einem Bein konnte ich nicht mehr auftreten. Wahrscheinlich war ich beim Sturz mit dem Fuß am Lenker hängen geblieben. Aber – oh Wunder Gottes – am gesamten Bauch war ich weder verletzt noch geprellt, noch schmutzig. Es sah so aus, als hätte unter dem gesamten Bauch ein Kissen gelegen, das jeden Schaden ferngehalten hatte. Ich bin sicher, dass da ein Engel – oder sogar mehrere – am Werk gewesen waren.

Irgendwann hielt ein Auto an, das bereit war, uns mitzunehmen. Der Fahrer zwang meine Tochter, den Rock auszuziehen und ihn umgekehrt auf seine Rückbank zu legen, damit wir sein Auto nicht verschmutzten. Aber wir waren froh, dass uns überhaupt jemand mitnahm. Die anderen Autos hatten vielleicht deshalb nicht angehalten, weil sie dachten, wir seien Landstreicher oder betrunken. Im Vorbeifahren sah man dem Motorroller nicht an, was passiert war.

Der Roller war total kaputt. Unsere Tochter aber trug keinerlei Schaden davon. Auch ich hatte keine bleibenden Beeinträchtigungen, obwohl ich einige Tage mit einem Schleudertrauma das Bett hüten musste. Das Wunderbarste war, dass auch der kleine Schatz im Mutterleib keinerlei Schaden abbekommen hatte und dreieinhalb Monate später, pünktlich zum Geburtstermin, quicklebendig zur Welt kam. Diese kleine Maus, unsere Rahel, hat mit ihrem Temperament schon viel in Bewegung gebracht. Wenn ich heute gelegentlich die letzten Spuren des Unfalls am Bein betrachte oder wenn sich meine Nase im Sommer manchmal eigenartig verfärbt, dann kann ich nur voller Dankbarkeit wiederholen, was ein Gesangbuchvers so treffend ausdrückt: »In wie viel Not hat nicht der gnädige Gott über dir Flügel gebreitet.«

Lobe den Herrn, meine Seele, und was in mir ist, seinen heiligen Namen!
Psalm 103,1

Hansi, der kleine freche Vogel

Hildegard begegne ich oft im Gottesdienst unserer evangelischen Kirche. Sie liebt die Natur und alles, was sich darin bewegt. Ihr Mann Karl baute mit großer Hingabe Nistkästen und hängte sie auf, wann immer er eine Möglichkeit dazu fand.

Beide waren große Vogelliebhaber. Aber nicht nur sie mochten die Vögel, auch die Vögel empfanden eine besondere Zuneigung für diese beiden Menschen. Im Winter fütterten sie die gefiederten Freunde in einem eigens dafür gebauten, besonders katzengesicherten Haus. Die Vögel empfanden so wenig Scheu vor Hildegard und ihrem Mann, dass sie vor ihren Füßen herumhüpften wie zahme Haustiere. Als es Sommer wurde, wagten sich einige Vögel durch die offene Tür ins Zimmer.

Unter ihnen befand sich ein besonders mutiger Vogel, eine kleine Blaumeise. Sie flog auch durchs gekippte Fenster, wenn die Tür nicht offen stand, und besuchte Hildegard sogar während des Kaffeetrinkens. Für diesen kleinen Kerl, den Hildegard und Karl bald Hansi nannten, legten sie immer eine Extraportion Vogelkerne auf das Deckchen, auf dem der Blumentopf am Fenster stand. Hansi kannte diesen Platz im Lauf der Zeit genau.

Einmal wollte Hildegard dem Kleinen einen Streich spielen. Was würde er wohl machen, wenn sein Futter nicht auf, sondern unter dem Deckchen läge? Würde er es überhaupt finden? Was sie dann beobachtete, versetzte sie in Staunen. Hansi hielt mit der einen Kralle das Ende des Deckchens fest, während er es mit der anderen wie zu einer Eistüte zusammenrollte. Das machte er so lange, bis er das ganze Futter mit seinem Schnabel aufgepickt hatte.

Der kleine Vogel traute sich immer mehr zu. Er fühlte sich bei Hildegard so sehr zu Hause, dass er sogar zum Frühstück oder Nachmittagskaffee kam und auf den Tisch hüpfte. Die Krümel, die man ihm hinlegte, verzehrte er mit sichtlichem Vergnügen, als wollte er sagen: »Danke, dass ihr für mich mitgedeckt habt!« Er war so zutraulich, dass er sich sogar fotografieren ließ. Hansi gab Hildegard und Karl das Gefühl, sie hätten ein Haustier.

Sogar beim Kaffeetrinken im Freien wurden sie von den Vögeln umringt wie von kleinen Kindern, die um sie herumtollten. Besonders anhänglich war eine Amsel. Sie lief so knapp vor Hildegards Füßen her, dass sie immer aufpassen musste, um ihr nicht auf den Schwanz zu treten. Und wenn Karl den Garten umgrub, hüpfte sie von Scholle zu Scholle.

Dann kam der entsetzliche Tag, an dem Karl nach einer Routineuntersuchung im Krankenhaus starb. Schmerz und Trauer verdunkelten Hildegards Seele. Niemand rief ihr »Guten Morgen« zu. Das Bett neben ihr war leer, das Haus eigenartig still. Die erwachsenen Kinder waren schon lange fort und gingen ihre eigenen Wege. Es war schön, dass sie gelegentlich zu Besuch kamen, aber danach war Hildegard wieder allein. In Haus und Garten gab es genug zu tun, aber das half ihr auch nicht über den Verlust ihres geliebten Mannes hinweg.

Oft ging sie an Karls Grab. Drei Zypressen hatte sie darauf gepflanzt. Als sie wieder einmal dort war, um die Blumen zu gießen, kam eine Amsel herbeigeflogen und sang. Und es blieb nicht bei diesem einen Mal. Immer wenn Hildegard zum Grab ging, war auch die Amsel dort und begann jedes Mal wunderschön zu singen.

War es »ihre« Amsel? Es kam Hildegard so vor, als wolle sie ihrem Mann ein Dankeschön dafür singen, dass er ein solch großes Herz für Vögel gehabt hatte. Oder benutzte Gott den kleinen Vogel dazu, sie in ihrem schweren Verlust zu trösten? Brachte dieser gefiederte Freund ihr vielleicht eine Botschaft: »Weine nicht, dein Mann ist bei Gott aufgehoben und hat es jetzt viel besser«? Sie wusste es nicht, aber sie fühlte sich auf eigenartige Weise tief getröstet.

Hansi kam nach wie vor zu Hildegard. Morgens saß er oft schon auf dem Balkongeländer, wenn sie ins Zimmer kam, als warte er darauf, ihr Guten Morgen zu sagen! Als er für einige Zeit nicht erschien, fürchtete Hildegard schon, er sei möglicherweise der Katze des Nachbarn zum Opfer gefallen, und trauerte um ihn. Doch eines Tages erlebte sie eine wunderbare Überraschung: Hansi kam mit der ganzen Familie. Alle drei Jungvögel führte er Hildegard vor. In Reih und Glied posierten sie auf der Stange. Hansi war eigentlich eine Johanna! Doch das machte nichts aus. Hansi blieb Hansi.

Gott hat Hildegard in der schweren Zeit diesen Vogel geschickt, um ihr auf liebevolle Weise begreiflich zu machen, dass es wichtig sei, dass sie noch da war.

Ich will euch trösten, wie einen seine Mutter tröstet.
Jesaja 66,13

»Jetzt kann uns eigentlich nichts mehr passieren!«

»Fahr nicht«, riet mir mein Mann. Doch ich wollte nicht hören. Ich hatte versprochen, im Rahmen einer Freizeit die Kinderstunde am Morgen zu halten. Meine Mutter verließ sich auf mich. Es würde also niemand anders da sein, um diese Aufgabe zu übernehmen. Außerdem hatte ich mich vorbereitet und ich freute mich darauf, den Kindern dort – und unseren eigenen – etwas von Jesus zu erzählen.

»Es sind Minusgrade«, versuchte mich mein Mann nochmals zu warnen. »Es ist Regen gemeldet. Überall, wo Wasser auf der Straße ist, wird es gefrieren und glatt werden.«

»Warum sollte uns etwas passieren?«, konterte ich. »Wer überall nur Gefahren sieht, bleibt immer nur daheim. Und außerdem ist Gott mit uns! Ich werde aber besonders vorsichtig fahren«, versuchte ich ihn zu beruhigen. Dann machte ich mich auf den Weg.

Die ersten 25 Kilometer ging alles gut. Ich fühlte mich in meiner Entscheidung bestätigt. Da begann es zu regnen. Zunächst war es nur leichter Nieselregen, der aber immer mehr zunahm. Die Straße, die wir entlangfuhren, verwandelte sich in eine Eisbahn. Ich versuchte langsam zu fahren, aber doch schnell genug, um nicht von der geneigten Fahrbahn in den Graben zu rutschen. Laut begann ich zu beten: »Vater im Himmel. Ich brauche dich. Es ist sehr gefährlich. Hilf uns bitte und bewahre uns.« Als ich eine kleine Pause einlegte, um mich ganz auf die Straße zu konzentrieren, meinte mein Sohn: »Na ja, du hast jetzt gebetet. Dann kann uns nichts mehr passieren.«

»So einfach ist es nun auch wieder nicht«, antwortete ich. »Gott bewahrt uns nicht vor allem, aber in allem. Ich weiß mich durch das Beten neu in seiner Hand. Er hat die Kontrolle über uns.«

Gerade kamen wir zum Ortseingang und ich wollte erleichtert aufatmen, als das Fahrzeug in einer schwachen Linkskurve außer Kontrolle geriet. Wahrscheinlich hatte ich leicht gebremst. Der VW-Bus drehte sich um die eigene Achse, rutschte an die hohe Bordsteinkante, stürzte um und drehte sich weiter aufs Dach. Fünf Kinder waren mit mir im Auto und ich war im fünften Monat schwanger. An unseren Sicherheitsgurten hingen wir oben im Wagen. Keines der Kinder schrie. Die Größeren machten sich los und halfen den Kleineren. Auch ich konnte mich befreien. Niemand war verletzt. Obwohl das ganze Fahrzeug in sich verzogen war, ging kein einziges Fenster zu Bruch. Eine schwere Fußbank, die wir eigens für die Kleinen angefertigt hatten, damit sie mit ihren kurzen Beinen während der Fahrt einen Halt hatten, war fest am Boden geblieben und beim Kippen nicht heruntergestürzt.

Wir alle stiegen aus, bevor einige Leute aus den Häusern eilten, um uns zu Hilfe zu kommen. Eine liebe ältere Frau zeigte unseren tierbegeisterten Kindern ihre Hasen und ließ sie mit ihnen spielen, während ich die Polizei informierte und andere Dinge regelte. Niemand von uns hatte irgendeinen Schaden an sich und niemand zeigte Anzeichen eines Schocks. Zur Kinderstunde kamen wir natürlich nicht. Ich hätte besser auf meinen Mann hören sollen!

In dem ganzen Dilemma erfuhren wir noch Gottes wunderbare Hilfe. Als klar war, dass der Bus nicht mehr zu reparieren war, bekamen wir von Besuchern der Tagung, bei der ich die Kinderstunde hätte halten sollen, spontan das Geld für die Hälfte eines Neuwagens geschenkt. Das Auto fuhren wir dann viele Jahre, bis die meisten unserer Kinder aus dem Haus waren.

Etwas Wichtiges wurde mir neu bewusst: Dass Gott uns Frauen unseren Mann gibt, damit wir Bewahrung erfahren. Selbst wenn uns manchmal nicht gefällt, was er sagt, spricht Gott oft durch ihn.

Der Herr bewahrte bei dieser Fahrt auch das Kind, mit dem ich gerade schwanger war, nämlich die kleine Sulamith, die uns später so viel Freude bereiten sollte. Und unser Junge hat etwas dazu gelernt, was er so ausdrückte: »Mama, ich habe jetzt verstanden, was du mir vor dem Unfall zu erklären versucht hast. Nämlich das: Gott beantwortet unsere Gebete nicht immer genau so, wie wir es gerne hätten, aber er ist immer dabei, um uns zu helfen, und hört uns.«

Rufe mich an in der Not, so will ich dich erretten und du sollst mich preisen.
Psalm 50,15

»Du bist bei mir«

»Ich habe in meinem Leben viele kluge und gute Bücher gelesen. Aber ich habe in ihnen allen nichts gefunden, was mein Herz so still und froh gemacht hätte wie die vier Worte aus dem 23. Psalm: ›Du bist bei mir.‹« Das hat Immanuel Kant gesagt und ich kann es nur bestätigen. Viele Psalmen drücken das Leid von Menschen aus, die mit ihrem Latein am Ende sind, vor Verzweiflung nicht weiter wissen, die in Traurigkeit und Dunkelheit keinen Ausweg sehen. Mittendrin sagt David, dieser König, der auf der Flucht vor seinen Verfolgern in der Wüste und in Höhlen hauste und dem Tod oft sehr nah war: »Du bist bei mir.«

Der Tod meines Vaters setzte mir schwer zu. Obwohl Gott ihm nach oft aussichtsloser Diagnose so viele Jahre des Lebens hinzugefügt hatte, fehlte er mir sehr. Ich wusste, dass er bei Jesus in der Herrlichkeit war, aber es schmerzte mich, dass es nicht mehr möglich war, einfach seine Telefonnummer zu wählen, um seine Stimme zu hören. Er war nun in einer anderen Dimension, zu der ich nicht so ohne weiteres Zugang hatte. Diesen Abschied wollte meine Seele einfach nicht akzeptieren. Ich tröstete mich damit, dass er es jetzt viel besser hatte, fern von allen Kämpfen dieser Welt, aber mein Inneres war darüber erschüttert, wie der

Tod Menschen auseinander reißt und uns das nimmt, was wir lieben.

Knapp eine Woche später erlitt ich ein Kreislaufversagen und brach zusammen. Die herbeigerufene Ärztin legte eine Infusion an und ich kam langsam wieder zu mir. Da der Zusammenbruch mit heftigem Erbrechen und schlimmen Schmerzen in Schulter und Arm einherging, vermutete man einen Herzinfarkt oder einen Magendurchbruch. Ich wurde ständig untersucht. Vor allem nachts hatte ich manchmal solche Schmerzen, dass ich um stärkere Medikamente bat, weil ich meinte, es nicht mehr aushalten zu können. Da aber schon durchgehend ein Infusionstropf mit Schmerzmitteln angelegt war, wurde mir diese Bitte nicht erfüllt.

Oft konnte ich vor Schmerzen keinen klaren Gedanken fassen und brachte keinen zusammenhängenden Satz zustande. Wenn ich beten wollte, fand ich keine Worte und war zu schwach zum Formulieren. Doch wie von selbst hörte ich mich in meinem Inneren immer wieder diese vier Worte sagen: »Du bist bei mir.« Es war so tröstlich, so heilsam, so unbeschreiblich kostbar, in dem Gewirr von Schmerzen, Hilflosigkeit und Ausgeliefertsein diese vier Worte in meiner Seele zu hören: »Du bist bei mir.« Als wollte meine Seele mir zurufen: »Vergiss es nicht! Du bist nicht allein, auch jetzt nicht. Gott ist ganz nah, auch wenn du ihn nicht spürst.«

Nach vielen Untersuchungen stellte sich heraus, dass ein eingeklemmter Nerv die schlimmen Schmerzen verursacht hatte. Eine eher harmlose Diagnose, wenn man von den furchtbaren Schmerzen einmal absieht. Dass ich heute wieder schmerzfrei leben darf, erfüllt mich täglich mit tiefer Dankbarkeit.

Der Psalm 23 bewegte mich so sehr, dass ich nach dieser Krankheitszeit ein Büchlein darüber schrieb. Hier ein Auszug:

Du bereitest vor mir einen Tisch im Angesicht meiner Feinde (aus Psalm 23)

Ein gedeckter Tisch
im Angesicht von Schmerzen und
Begrenzung,
bereitet von dir persönlich, Herr.
Trotz meiner Feinde,
die mich bei Tag und Nacht peinigen,
wirst du mir auf einmal groß.
Ich entdecke Kostbarkeiten,
die so lange auf meinem Speisezettel fehlten:
die Stille vor dir,
das Hören auf dich,
das Reden mit dir,
das Ruhen in dir.

»Hilfe, ich komme zu kurz«

Das war das Thema, über das ich referieren sollte. Vor mir saßen etwa 80 Frauen, die aufmerksam bei der Sache waren. Ich sprach von den schlimmen Situationen des Lebens, in denen wir uns überfordert fühlen, von den vielfältigen Ursachen, warum wir meinen, wir würden zu kurz kommen. Ich versuchte, Auswege aufzuzeigen, ermutigte, neu innezuhalten und zu sortieren und den Mut zum Neinsagen zu finden, aber ich spornte die Zuhörerinnen auch an, mit Gottes Hilfe ein Ja zum Unumgänglichen zu finden. Viele Frauen nickten, bei manchen sah ich Tränen in den Augen.

Anschließend kam eine Frau im Rollstuhl auf mich zu. Ihr Gesicht und ihre Augen strahlten eine stille Zufriedenheit aus. »Ich fühle mich nicht zu kurz gekommen im Leben«, sagte sie ganz schlicht zu mir. »Wollen Sie mir etwas aus Ihrem Leben erzählen?«, ermutigte ich sie. Und das tat sie.

Helga wuchs in Pommern auf. Als ihre Mutter das zweijährige Kind nach dem Mittagsschlaf im Bettchen aufrichten wollte, war es nicht mehr fähig, sich auf den Beinchen zu halten. Es stellte sich heraus, dass Helga nie mehr laufen würde. Sie hatte Kinderlähmung. Sechs Kinder waren sie gewesen, das älteste starb, später auch das jüngste,

Helgas kleiner Bruder. Er war damals fünf Jahre alt.

Dann kam der Zweite Weltkrieg. Im Jahre 1945 drang die Nachricht zu ihrem Dorf, dass die russische Front von Ostpreußen her immer näher rückte. In Panik packten viele Dorfbewohner ihre Sachen zusammen und machten sich in Eis und Schnee auf die Flucht. Mit dem Zug ging es Richtung Westen. Von Kolberg aus sollte es mit dem Schiff weiter westlich gehen. Kurz vor Kolberg wurden sie von hinten durch die russische Armee eingeholt. Die Soldaten rieten ihnen dringend zur Rückkehr nach Osten. »Sonst werdet ihr von hinten von uns erschossen und von vorne durch die Deutschen, die von der Stadt her auf uns schießen«, erklärten sie.

Es blieb keine andere Wahl. Sie mussten den ganzen Weg wieder zurück. Zunächst konnten sie ein kleines Stück mit dem Zug fahren, mussten dann aber aussteigen, weil niemand mehr den Zug bedienen konnte. In tiefem Schnee ging es weiter. Kälte und Hunger waren ihre Begleiter. Einen Teil der Strecke hatten sie einen Pferdeschlitten für das Gepäck, und Helga durfte darauf liegen. Sie war inzwischen elf Jahre alt. Die kleine achtjährige Schwester ging an der Hand der Mutter. Nach einer Übernachtung war der Bauer samt Pferd und Schlitten plötzlich verschwunden. Nun trug die Mutter Helga auf dem Rücken weiter, während die kleine Schwester die wenigen Habseligkeiten im Koffer tragen musste. Es war ein Weg der Erschöpfung über 90 Kilometer!

Irgendwann fand die Mutter ein Fahrrad. Mit einer Decke band sie Helga darauf und befestigte die Beine gesondert. Auf diese Weise schob sie ihre Tochter die vielen Kilometer durch den stellenweise tiefen Schnee. Als sie ins Dorf zurückkamen, war alles polnisch besetzt. Gott versorgte sie auf wunderbare Weise mit Getreide und sie konnten es so gut verstecken, dass es ihnen nicht geraubt wurde.

Später wurden sie ausgewiesen. Über Lübeck landeten sie in einem Lager in Kiel. Sie litten oft Hunger, aber sie überlebten alle. Auch den Vater und die Brüder fanden sie wieder. Nach vielen Irrwegen kamen sie in die Pfalz. Die Mutter lebte mit Helga im Haus von Helgas Schwester und deren Mann. Helga fing an, für die Kinder ihrer Schwester zu stricken, und sie fand große Freude daran, diese Gabe für andere einzusetzen. Ihre Mutter wurde 94 Jahre alt.

»Was ich von ihr gelernt habe?«, schloss Helga. »Geduld im Unabänderlichen, Zufriedenheit mit wenigem, Dankbarkeit für fast Unscheinbares und ein tiefes Vertrauen auf Gott. Ich habe Mutter nur selten klagen gehört. Sie fand immer etwas, wofür sie danken konnte. Ich weiß, woher sie ihre Kraft nahm: aus dem Gespräch mit ihrem himmlischen

Vater. Und genau dorthin gehe auch ich mit allem, was mich bewegt. Nein, ich bin nicht zu kurz gekommen im Leben!«

Bewährung bringt Hoffnung, Hoffnung aber lässt nicht zuschanden werden.
Römer 5,4-5

Gott sorgt für Witwen und Waisen

Als ich wieder einmal im Erzgebirge zu Vorträgen unterwegs war, war ich auch bei einem Begegnungstreffen mit Frauenfrühstück in Großrückerswalde zu Gast. Die Veranstalterin hatte drei kinderreiche Frauen eingeladen und so lernte ich Sabine mit ihren beiden jüngsten Kindern kennen. Sie erzählte mir ihre zugleich erschütternde und Mut machende Geschichte:

»Vor fast fünf Jahren stand ein Polizist vor unserer Haustür und brachte mir die Nachricht, dass mein Mann tot sei. Ich war wie vor den Kopf gestoßen und konnte es nicht fassen. Kurz zuvor hatte ich mich noch von ihm verabschiedet, bevor er zur Arbeit gegangen war. Und nun sollte er tot sein?

Die Gedanken wirbelten wild durcheinander. Ich wusste nicht, was schlimmer war: Da war auf der einen Seite der Schmerz um den geliebten Ehepartner, mit dem ich 21 glückliche Ehejahre hinter mir hatte. Wir waren zusammen durch Freud und Leid gegangen. Auf der anderen Seite wurde mir klar, dass ich von jetzt an die Verantwortung für unsere zehn Kinder allein tragen musste. Sie waren 20, 19, 17, 16, 14, 10, 8, 7 Jahre alt und die beiden jüngsten, die Zwillinge, waren fünf.

Das volle Ausmaß dessen, was auf mich zukam, war mir in diesem Augenblick nicht bewusst. Dafür bin ich noch heute dankbar. Ebenso erfüllt es mich mit tiefer Dankbarkeit, dass unsere Gemeinde uns einen festen Halt gab. Zu den Besonderheiten der Herrnhuter Brüdergemeine gehört, dass sie bei Beerdigungen nicht schwarz, sondern weiß gekleidet sind. Die Farbe soll zeigen, dass wir als Christen eine wirkliche Hoffnung haben und dass es das Schönste ist, einmal bei Jesus zu sein. Deshalb war auch der Sarg meines Mannes weiß und ich wählte weiße Blumen.

Beim Gang zum Friedhof ging ich am Arm unseres 19-jährigen Sohnes, gefolgt von den anderen Kindern und ca. 500 Trauergästen. Vielleicht würden die Psychologen sagen, ich hätte unter Schock gestanden. Aber wenn ich heute zurückschaue, meine ich, dass es Engel waren, die mich da durchtrugen. Ich spürte regelrecht, wie wir als Familie alle gehalten wurden. Ich glaube, dass es die Gebete der gläubigen Menschen um uns waren. In meinem Herzen breitete sich ein tiefer Friede aus. So konnte ich bei der anschließenden Trauerfeier auch alle Anteilnahme mit Dankbarkeit entgegennehmen.

In Momenten großer Überlastung oder auch dann, wenn ich etwas Zeit zum Nachdenken hatte, gab es immer wieder Tiefen und Einbrüche. Da fehlte mir mein geliebter Mann auf schmerzliche

Weise. Ich spürte, dass ich nicht Vater und Mutter gleichzeitig sein konnte. Mein Mann fiel als Vater aus und auch von den Kindern wurde diese Lücke wahrgenommen.

Ein ganzes Jahr lang war ich nicht fähig, zur Arbeit zu gehen. Ich war krank geschrieben und befand mich in schlechter körperlicher Verfassung. Während dieser ganzen Zeit finanzierten Freunde für uns eine Haushälterin, die auch schon vorher in unserer Familie gewesen und deshalb den Kindern vertraut war. Sie wurde den Kindern eine zweite Mutter und mir eine große Hilfe. Zwischen den größeren Geschwistern wuchs gegenseitiges Verstehen und viel Fürsorglichkeit, sodass sie einander Halt geben konnten.

Finanziell ging es uns nach dem Tod meines Mannes nicht sehr rosig. Aber wir erlebten Gott als treu sorgenden Vater. Wir haben Freunde, zu deren Bekanntenkreis ein Bäcker gehört. Als er von unserer Geschichte hörte, wurde er sofort tätig. Am Abend tauchte er bei uns auf und brachte die gesamten nicht verkauften Backwaren mit. Die Kinder staunten über das riesige Blech und meinten: ›Ooch, eine Million!‹ Ich war zutiefst gerührt. In dieser ersten schweren Zeit vergaß ich oft schlichtweg, Essen zu kochen. Den Duft dieser ersten Buttersemmel habe ich noch in der Nase. Bis heute ist uns dieser Bäcker treu geblieben.

Immer wieder bekamen wir Post. Menschen

schickten uns Geld, auch Leute, die wir gar nicht kannten. Mitten in Trauer und Schmerz übernahm Gott unsere finanzielle Versorgung, sodass ich mich nicht auch noch darum kümmern musste.

An Urlaub oder Reisen war natürlich nicht zu denken. Aber Gott öffnete uns Türen. Zwei unserer Jungs durften auf eine Kanufreizeit gehen und ein weiterer Sohn durfte in den Ferien mit in die Schweiz. Mit Dank erfüllt mich, dass unsere großen Kinder ihr Abitur ausgezeichnet bestanden, und das in einer Zeit, in der ich mich kaum um sie kümmern konnte. Ich hatte zu viel mit den Kleineren zu tun. Gott gibt mir immer wieder Freude ins Herz, die ich trotz allem Schweren an die Kinder weitergeben darf.

Im vergangenen Jahr nahm ich wieder Arbeit an. Doch ich spürte sehr schnell meine Grenzen. Oft kamen mir ohne ersichtlichen Grund die Tränen. Als ich gerade das Bügeleisen zur Hand nehmen wollte, lag auf dem Bügeltisch ein Zettel von Luise. ›Liebe Mutti‹, war da zu lesen. ›Auch in dieser schweren Zeit ist Jesus bei dir. Du bist die beste Mutti auf der Welt. Deine Luise. Ich habe dich lieb.‹ Wie oft haben die Kinder mich ermutigt! Inzwischen habe ich eine neue Arbeitsstelle gefunden, bei der viel mehr Zeit für die Kinder bleibt.

Erst in meinem Leid ist mir bewusst geworden, wie nah Gott im Schmerz sein kann, und ich habe erlebt, wie er tröstet. Aber erst jetzt weiß ich auch, wie schmerzlich es ist, einen geliebten Menschen zu verlieren. Wie gut kann ich heute Menschen verstehen, die Leid tragen! Ich habe buchstäblich am eigenen Leibe erlebt, dass Gott für Witwen und Waisen sorgt. Es macht mich unendlich dankbar, dass ich an Gottes Hand gehen darf. Er kennt mich durch und durch. Er weiß genau, welche Gedanken mich als Mutter beschäftigen.

Im Mai heiratete meine älteste Tochter. Ich weiß, dass Gott diese beiden Menschen zusammengeführt hat. Wie gerne hätte ich dieses schöne Fest zusammen mit meinem Mann erlebt. Doch da war auch ein tiefer Trost: Ich wusste, dass er zu diesem Schwiegersohn sein volles Ja gegeben hätte, so wie ich es dann tat, sozusagen stellvertretend für ihn.

Die Lücke, die durch den Tod meines Mannes gerissen wurde, wird bleiben. Niemand kann sie schließen. Aber der treue Gott, der uns bis hierher gebracht hat, wird auch bleiben – täglich und wenn nötig stündlich – an meiner Seite, um durchzuhelfen, zu beraten, zu trösten und zu ermutigen. Ihm sei Ehre!«

Der Herr ist meine Stärke. Nun ist mein Herz fröhlich und ich will ihm danken mit meinem Lied. Psalm 28,7

Große Freude und wunderbare Bewahrung

Unser sechstes Kind, Sulamith, heiratete ihren Christian. Welch eine Freude! Und welch eine Freude, unsere Kinder, Schwiegerkinder und Enkel aus den USA wiederzusehen! Von überall waren sie gekommen, um mitzufeiern. Leider mussten die Schwiegersöhne bald nach der Hochzeit wieder zurück, um zu arbeiten. Unsere Töchter Damaris und Miriam und unsere beiden Enkelkinder Joshua und David konnten jedoch noch für einige Wochen bleiben. Es war wie ein Stückchen Himmel. Freunde hatten uns ihr kleines Haus an der Nordsee zur Verfügung gestellt und so waren wir für kurze Zeit wieder einmal eine richtige Großfamilie. Unser Jüngster ist ungefähr so alt wie unsere Enkelkinder und bei den vielen Ideen, die die drei Kleinen ausheckten, fühlte ich mich wieder richtig jung.

Rundum erholt kehrten wir schließlich nach Hause zurück. Dort klingelte das Telefon und meine Tochter ging an den Apparat. Plötzlich zeigte sie ein erschüttertes Gesicht und fragte immer wieder in den Hörer hinein: »Geht es dir auch wirklich gut? Bist du okay?«

»Mama«, sagte sie hinterher, fast außer Atem, »denk dir nur, was passiert ist! Brian wollte unser

Auto auf Vordermann bringen. Er hat viele neue Teile gekauft, um sie einzubauen. Da wir jetzt in Deutschland sind, hat er seine ganze freie Zeit an dem Auto gearbeitet, damit es fertig ist, wenn wir heimkommen.

Er wechselte verschiedene Leitungen aus, ersetzte defekte Teile und baute neue Sitze ein. Du weißt, er ist ein Profi, er hat Maschinenbau studiert. Er war richtig erleichtert und überglücklich, als er alles geschafft hatte, und er machte mit dem rundum erneuerten Auto gleich eine Tour. Es war schon dunkel, als er einen lang gezogenen Berg hinunterfuhr. Auf der Gegenseite gab es relativ viel Verkehr, während bei ihm nur wenige Wagen fuhren. ›Warum blendet der Wagen hinter mir nur so stark auf?‹, fragte er sich immer wieder. Die Helligkeit im Rückspiegel erstaunte ihn, bis er schließlich erkannte, dass es Flammen waren, die an seinem eigenen Heck hochschlugen!

Voller Entsetzen versuchte er den Wagen zum Stehen zu bringen. Doch alles unter dem Auto schmorte. Die Bremsen sprachen nicht mehr an. Die Flammen arbeiteten sich immer mehr nach vorne. Nach einigen hundert Metern gab es eine Möglichkeit, nach rechts auszuscheren. Von dort konnte er einen kleinen Hang hinauffahren, der das Auto schließlich zum Stehen brachte. Hals über Kopf verließ er das Auto. Seine Augenbrauen waren schon angesengt, so stark war die Hitze im Innern des Autos.

Als er die Tür aufmachte, die sich wunderbarerweise noch öffnen ließ, drangen die Flammen ins Innere des Wagens. In kürzester Zeit war das gesamte Auto ausgebrannt. Bis die Feuerwehr eintraf, war absolut nichts mehr zu retten. Alles war zusammengeschmolzen. Es gab keine Schlüssel mehr, nur noch Metallklumpen. Und so konnte er später nur in unsere Wohnung kommen, indem er ein Fenster einschlug. Doch in dem ausgebrannten Auto fand sich eine Plastikblase, die beim Öffnen die vollständig erhaltenen Ausweise und alle wichtigen Papiere enthielt. Wie sich solch eine Blase bilden konnte und wie es möglich gewesen war, dass alles darin unversehrt war, wusste kein Mensch zu erklären.

›Wenn du und die Kinder im Auto mit mir gewesen wären, wärt ihr alle umgekommen‹, hat Brian gesagt. ›Nach mir wäre niemand mehr aus dem Auto gekommen, so stark war das Feuer. Mit Sicherheit hätte ich euch zu dieser Jungfernfahrt mitgenommen, schon allein deswegen, weil ich so froh war, endlich fertig zu sein. Wärt ihr mit mir in die USA zurückgeflogen, wäre das euer sicherer Tod gewesen!‹«

Gott hatte die ganze Familie auf wunderbare Weise bewahrt. Unsere Tochter und die Kinder blieben verschont, weil sie gerade in Deutschland waren, und unseren Schwiegersohn hatte er mitten aus dem brennenden Auto gerettet. Unser inniger Dank geht an diesen großen Gott!

Herr, unser Gott, du bist würdig, zu nehmen Preis und Ehre und Kraft.
Offenbarung 4,11

Himmlische Häuser

Gabrieles Stimme war voller Tränen, als sie mich anrief: »Ich konnte mich nicht einmal verabschieden. Hätte ich geahnt, was kurz darauf geschehen würde, hätte ich mich anders verhalten, als Mutti über Kopfschmerzen klagte! Ach, Ruth, und jetzt ist sie tot. Ich glaube, ich kann nie wieder richtig froh werden.«

Gabrieles Mutter war eine aktive Frau gewesen. Sie hatte nicht weit entfernt gewohnt und war immer wieder bei mir vorbeigekommen. »Ich bewundere meine Tochter aufrichtig, weil sie so großartig mit den sieben Kindern zurechtkommt«, hatte sie einmal über Gabriele gesagt, als sie auf einem meiner Vorträge war. Doch nun war sie tot. Eine Arterienerweiterung war geplatzt und hatte zu einer starken Gehirnblutung geführt.

Gabriele durfte im Notarztwagen mit zum Krankenhaus fahren, aber ihre Mutter lag schon im Koma. Eine Verständigung war nicht mehr möglich. Die Mutter lag bewusstlos da, von Apparaten umgeben. »Es gibt keine Reaktionen mehr«, sagte die Ärztin nach der Untersuchung.

Gabriele saß neben ihrer Mutter. Sie legte ihren Mund dicht an das Ohr der Mutter und begann Psalm 23 zu beten. Als sie geendet hatte, drückte die Mutter Gabrieles Hand fest und hob dabei ihren Arm. Die Ärztin, die dabeistand, war erschüttert: »Das gibt es doch gar nicht«, sagte sie. »Das ist einfach nicht möglich.« Und doch geschah es genau so. Für Gabriele war es das letzte menschliche Zeichen eines geliebten Menschen. Wollte die Mutter ihr sagen, dass sie zum guten Hirten ging, von dem dieser wunderbare Psalm sprach?

Irgendwann wurden die Apparate abgeschaltet. Zurück blieben Tränen und Traurigkeit. Der Abschied von einem geliebten Menschen ist so schmerzhaft. Gabriele fragte sich immer wieder, wo ihre Mutter sei. War sie wirklich in Gottes Herrlichkeit? Hatte sie ein solch herzliches Verhältnis zu Jesus Christus gehabt, dass sie im Himmel sein durfte? Gabriele betete inständig zu Gott, ihr ein Zeichen zu schenken, wo ihre Mutter jetzt sei.

In den nächsten Wochen träumte sie dreimal von ihrer Mutter. Einer der Träume war so real, dass sie ihn mir schilderte: »Ich lief auf ein wunderschönes Haus zu. Alle Fenster waren erleuchtet. Im Inneren hörte ich Musik. Es war eine Kantate von Johann Sebastian Bach. Ich kam näher. Meine Mutter kam mir an der Haustür entgegen. Sie sah jung und frisch aus und hatte ganz glatte Haut. Sie lächelte überaus liebenswürdig und sagte dann zu mir: ›Leider darfst du nicht hereinkommen. Es ist noch nicht so weit.‹ Dann wachte ich auf.«

Ich musste unwillkürlich an ein Erlebnis denken, das ich einige Wochen nach dem Tod meines

Vaters hatte. Es war am Morgen. Ich hatte mich im Bett aufgesetzt, um mit meinem himmlischen Vater zu sprechen. Als ich betete, sah ich vor mir eine leuchtend grüne Wiese. Mein Vater kam mir mit freudigem Gesicht entgegen, jung, strahlend, liebevoll. »Vati, du bist hier?«, fragte ich erstaunt, denn mir war bewusst, dass er ja gestorben war. »Ja«, antwortete er, drehte sich um und zeigte auf ein wunderschönes Gebäude. »Ich wohne hier! Und schau«, fügte er fröhlich hinzu, »meine Mutter wohnt direkt nebenan!« Dann zeigte er mit leuchtenden Augen auf ein weiteres Haus: »Dein Haus ist auch schon fertig.« So, wie sie gekommen waren, verschwanden diese Bilder wieder vor meinen Augen. Ich saß immer noch im Bett und wunderte mich: Hatte ich geschlafen? Aber ich hatte gar nicht das Gefühl des Aufwachens gehabt. Oder durfte ich einen Moment in Gottes Herrlichkeit sein? Ich war so unendlich beglückt und voller Freude, dass ich am liebsten gleich dort geblieben wäre.

Welch ein Wiedersehen wird es einmal geben, wenn wir in Gottes Herrlichkeit sind!

Was kein Auge gesehen hat und kein Ohr gehört hat und in keines Menschen Herz gekommen ist, was Gott bereitet hat denen, die ihn lieben.
2. Korinther 2,9